BEI GRIN MACHT SICH I WISSEN BEZAHLT

- Wir veröffentlichen Ihre Hausarbeit, Bachelor- und Masterarbeit

- Ihr eigenes eBook und Buch - weltweit in allen wichtigen Shops

- Verdienen Sie an jedem Verkauf

Jetzt bei www.GRIN.com hochladen und kostenlos publizieren

Bibliografische Information der Deutschen Nationalbibliothek:

Die Deutsche Bibliothek verzeichnet diese Publikation in der Deutschen National-
bibliografie; detaillierte bibliografische Daten sind im Internet über http://dnb.d-
nb.de/ abrufbar.

Impressum:

Copyright © 2013 GRIN Verlag, Open Publishing GmbH
Druck und Bindung: Books on Demand GmbH, Norderstedt Germany
ISBN: 9783656467366

Dieses Buch bei GRIN:

http://www.grin.com/de/e-book/230994/anwendbarkeit-von-web-2-0-tools-zur-
unterstuetzung-von-aktivitaeten-im

Lukas Peherstorfer

Anwendbarkeit von Web 2.0 Tools zur Unterstützung von Aktivitäten im Rahmen des Projektmanagements

GRIN Verlag

GRIN - Your knowledge has value

Der GRIN Verlag publiziert seit 1998 wissenschaftliche Arbeiten von Studenten, Hochschullehrern und anderen Akademikern als eBook und gedrucktes Buch. Die Verlagswebsite www.grin.com ist die ideale Plattform zur Veröffentlichung von Hausarbeiten, Abschlussarbeiten, wissenschaftlichen Aufsätzen, Dissertationen und Fachbüchern.

Besuchen Sie uns im Internet:

http://www.grin.com/

http://www.facebook.com/grincom

http://www.twitter.com/grin_com

Anwendbarkeit von Web 2.0 Tools zur Unterstützung von Aktivitäten im Rahmen des Projektmanagements

erstellt am
Fachhochschul-Studiengang
Marketing und Electronic Business
FH OÖ, Standort Steyr

Bachelor-Arbeit I
zur Erlangung des akademischen Grades
Bachelor of Arts in Business (BA)
für wirtschaftswissenschaftliche Berufe

Eingereicht von
Lukas Peherstorfer

Steyr, am 30.1.2013

Inhaltsverzeichnis

Abbildungsverzeichnis

Tabellenverzeichnis

Abkürzungsverzeichnis / Glossar

API	Application Programming Interface
HTML	Hypertext Markup Language
HTTP	Hypertext Transfer Protocol
RDF	Resource Description Framework
REST	Representational State Transfer
RPC	Remote Procedure Call
SOAP	Simple Object Access Protocol
URL	Uniform Resource Locator
WYSIWYG	"What you see is what you get"
XHTML	Extensible Hypertext Markup Language
XML	Extensible Markup Language

Kurzfassung

Projekte und das dazugehörige Projektmanagement werden in Unternehmen immer wichtiger und sind kaum mehr aus dem betrieblichen Alltag wegzudenken. Das Web 2.0 bietet mit seinen Technologien und Tools einige Möglichkeiten um betriebliche Abläufe zu unterstützen. Die Kernfrage dieser Arbeit ist, welche Web 2.0 Tools geeignet sind Aktivitäten im Projektmanagementprozess zu unterstützen. Ebenso wird geklärt wo und wie die Tools genau eingesetzt werden können um die Kommunikation und Koordination zwischen Projektbeteiligten zu verbessern.

Um die zentrale Problemstellung beantworten zu können, wird in einem ersten Schritt der Begriff des Web 2.0 sowie die Basistechnologien im Web 2.0 erläutert. In der Folge werden ausgewählte Web 2.0 Tools, deren Funktionsweisen und Einsatzmöglichkeiten vorgestellt. Das nächste Kapitel behandelt das Thema Projektmanagement und hier vor Allem den typischen Projektmanagementprozess. Im abschließenden Kapitel wird die Anwendbarkeit von ausgewählten Web 2.0 Tools im Projektmanagementprozess bewertet und in der Folge konkrete Einsatzszenarien beschrieben.

Zusammenfassend ist festzustellen, dass das Web 2.0 mit seinen Tools viele Möglichkeiten bietet Aktivitäten im Projektmanagement sinnvoll zu unterstützen. Vor Allem in den Bereichen der Projektkommunikation, Projektkoordination und des Projektmarketings liegen die ganz klaren Vorteile beim Einsatz von Web 2.0 Anwendungen. Auch ein Ergebnis der Arbeit ist, dass nicht jedes Web 2.0 Tool in jedem Teilprozess des Projektmanagements eine sinnvolle Anwendung findet.

Executive Summary

Projects and therefore project management is becoming more and more important in business life. Web 2.0 with its technologies and tools offers various possibilities to support business processes. The key question of this thesis is, which Web 2.0 tools can support activities within the project management process. Further it will be stated where and how these tools can be used to improve communication and coordination between all participants of the project.

In order to answer the key question, the term Web 2.0 as well as the basic technologies in Web 2.0 will be explained in a first step. After this there will be a presentation of selected Web 2.0 tools with the basic functions and possible fields of application. The next chapter is about project management and here especially the typical project management process. In the last chapter, the application of selected Web 2.0 tools within the project management process will be evaluated and fields of application will be stated precisely.

In conclusion it can be said that the Web 2.0 with its tools offers a lot of possibilities to support activities in project management. Especially the fields of project communication, project coordination and project marketing can be seen as the big advantages when using Web 2.0 tools. Another result is, that not every Web 2.0 tool can support every subprocess in project management.

1 Einleitung

1.1 Problemstellung

Die Bedeutung von Projekten und dem damit einhergehendem Projektmanagement wird immer höher.[1] Projekte sind nicht mehr aus dem Alltag vieler Unternehmen und somit auch aus dem Leben der Mitarbeiter wegzudenken. Ein wichtiger Erfolgsfaktor für die erfolgreiche Durchführung von Projekten ist die Kommunikation und Koordination zwischen den einzelnen Projektteilnehmern.[2] Hier scheitert es oft an den passenden, technischen Möglichkeiten um diese Prozesse effizienter zu gestalten.

Das Web 2.0 mit seinen Tools bietet viele neue Möglichkeiten für Unternehmen, jedoch ist die Nutzung dieser Tools in vielen Organisationen noch nicht weit verbreitet.[3]

1.2 Zielsetzung

Die Arbeit soll klären inwiefern Web 2.0 Tools wie Blogs, Wikis, Social Networks etc. als Unterstützung für die Abwicklung von Projekten in Organisationen dienen können. Dafür werden der Begriff Web 2.0 und ausgewählte Tools und Konzepte des Web 2.0 vorgestellt. Weiter wird auf die Grundlagen des Projektmanagements und Aktivitäten innerhalb des Projektmanagements eingegangen. Im letzten Kapitel werden die Konzepte des Web 2.0 den Aktivitäten und Aufgaben des Projektmanagements gegenübergestellt. Hier wird geklärt, welche Web 2.0 Tools welche Aktivitäten innerhalb des Projektmanagements sinnvoll unterstützen können.

1.3 Aufbau und Struktur

Ausgehend von der Problemstellung und Zielsetzung ergeben sich nun folgende Forschungsfragen (kurz FS) die in der vorliegenden Arbeit schrittweise beantwortet werden:

- FS 1: Was ist Web 2.0?
- FS 2: Welche Tools gibt es im Web 2.0?
- FS 3: Wie wird ein Projekt definiert?
- FS 4: Welche Aktivitäten gibt es im Rahmen des Projektmanagements?
- FS 5: Was sind die Erfolgsfaktoren beim managen von Projekten?
- FS 6: Welche Web 2.0 Tools eignen sich für die Anwendung im Projektmanagement?
- FS 7: Wie können diese Tools ausgewählte Aktivitäten im Projektmanagement unterstützen?

---

[1] vgl. Patzak/Rattay, 2009, S.5
[2] vgl. Kessler/Winkelhofer, 2002, S.153
[3] vgl. Koch/Richter, 2007, S.1

Die nachfolgende Abbildung visualisiert das gewählte methodische Vorgehen grafisch:

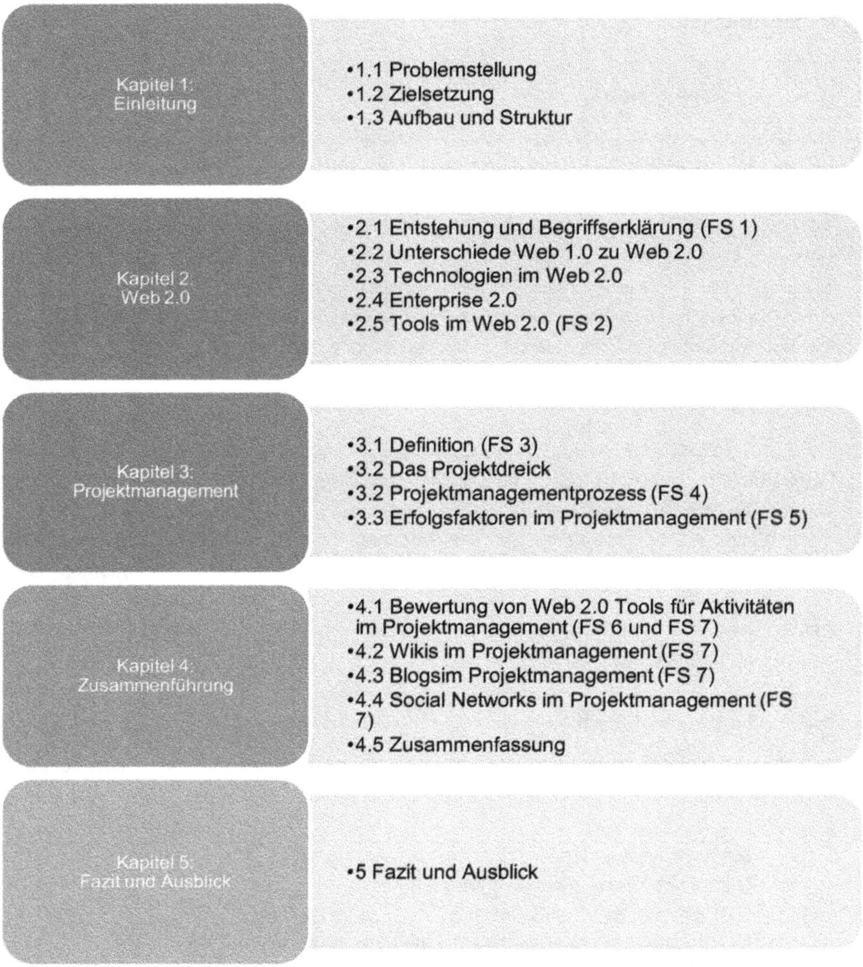

Kapitel 1: Einleitung
- 1.1 Problemstellung
- 1.2 Zielsetzung
- 1.3 Aufbau und Struktur

Kapitel 2: Web 2.0
- 2.1 Entstehung und Begriffserklärung (FS 1)
- 2.2 Unterschiede Web 1.0 zu Web 2.0
- 2.3 Technologien im Web 2.0
- 2.4 Enterprise 2.0
- 2.5 Tools im Web 2.0 (FS 2)

Kapitel 3: Projektmanagement
- 3.1 Definition (FS 3)
- 3.2 Das Projektdreick
- 3.2 Projektmanagementprozess (FS 4)
- 3.3 Erfolgsfaktoren im Projektmanagement (FS 5)

Kapitel 4: Zusammenführung
- 4.1 Bewertung von Web 2.0 Tools für Aktivitäten im Projektmanagement (FS 6 und FS 7)
- 4.2 Wikis im Projektmanagement (FS 7)
- 4.3 Blogsim Projektmanagement (FS 7)
- 4.4 Social Networks im Projektmanagement (FS 7)
- 4.5 Zusammenfassung

Kapitel 5: Fazit und Ausblick
- 5 Fazit und Ausblick

Abbildung 1: Aufbau der Arbeit

2   Web 2.0

Das Internet ist eine vergleichsweise noch sehr junge Technologie, trotzdem ist sie nicht mehr aus dem Leben der meisten Menschen wegzudenken. Seit den Anfängen des Internets hat sich einiges verändert, nicht nur die Technologie selbst sondern auch die Art und Weise wie die Menschen mit dem Medium Internet umgehen.[4]

Das folgende Kapitel soll den Begriff Web 2.0 erklären und dazugehörige Tools und Konzepte vorstellen.

2.1   Entstehung und Begriffserklärung

Der Begriff Web 2.0 entstand im Vorfeld einer Konferenz im Jahr 2004, wo es um Veränderungen in der Welt des Internets ging. Richtig populär wurde der Begriff aber erst durch den Artikel "What is Web 2.0"[5] von Tim O'Reilly von September 2005. Darin geht es um wesentliche Eigenschaften und Merkmale des "neuen" Internets und deren Anwendungen, welche O'Reilly als typisch für Web 2.0 ansieht:[6]

- Das Web als Plattform
- Nutzung der kollektiven Intelligenz
- Daten-getriebene Anwendungen
- Permanenter Beta-Status - Ende des klassischen Softwarelebenszyklus
- Beliebige Kombinierbarkeit von Komponenten oder ganzen Anwendungen
- Plattform- und Geräteunabhängigkeit
- Umfassende Anwenderfreundlichkeit und Einfachheit

Folgende Abbildung stammt von einer Brainstorming-Session im Rahmen einer Konferenz von O'Reilly Media. Es soll die Grundsätze von Web 2.0 mit den verschiedensten Einflussfaktoren darstellen:[7]

---

[4] vgl. Koch/Richter, 2007, S.2 f.
[5] URL: http://oreilly.com/web2/archive/what-is-web-20.html [3.12.2012]
[6] vgl. Back/Gronau/Tochtermann, 2009, S.3
[7] vgl. URL: http://oreilly.com/web2/archive/what-is-web-20.html [3.12.2012]

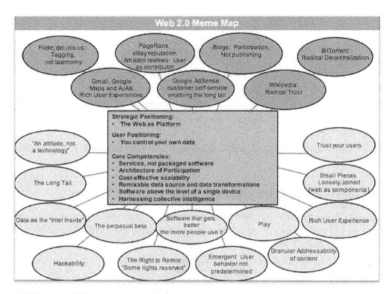

Abbildung 2: O'Reillys Web 2.0 Mindmap[8]

2.2 Unterschiede Web 1.0 zu Web 2.0

Die Merkmale von Web 2.0 ergeben sich vor Allem aus der Gegenüberstellung von neuen und herkömmlichen Web-Applikationen. Beispielsweise vergleicht O'Reilly die kosten-pflichtige und von Experten erstellte *Encylopaedia Britannica* mit *Wikipedia*, welche ja bekanntlich für Jeden kostenlos zugänglich ist und wo der Inhalt von Nutzern erstellt wird. Weiters wurden persönliche Webseiten weitgehend durch Blogs ersetzt, welche es den Nutzern ermöglichen z.B. Beiträge zu kommentieren. Auch der immer wichtiger werdende Bereich der Suchmaschinenoptimierung findet hier eine Erwähnung.[9]

O'Reilly listet einige dieser Änderungen und Unterschiede auf:

Web 1.0	Web 2.0
DoubleClick	Google AdSense
Ofoto	Flickr
Akamai	BitTorrent
mp3.com	Napster
Britannica Online	Wikipedia

---

[8] URL: http://www.oreillynet.com/oreilly/tim/news/2005/09/30/graphics/figure1.jpg [10.1.2013]

[9] Komus/Wauch, 2008, S. 2

personal websites	blogging
evite	upcoming.org and EVDB
domain name speculation	search engine optimization
page views	cost per click
screen sraping	web services
publishing	participation
content management systems	wikis
directories (taxonomy)	tagging ("folksonomy")
stickiness	syndication

Tabelle 1: Gegenüberstellung Web 1.0 - Web 2.0[10]

Die wichtigste der Änderungen gegenüber dem Web 1.0 ist die sogenannte "Architektur der Beteiligung" - also die freiwillige und aktive Mitwirkung der User. Der Nutzer einer Anwendung steht im Mittelpunkt und nicht die Anwendung selbst. Die Neuerung liegt vor Allem darin, dass es für viele Nutzer einfach geworden ist, Inhalte nicht mehr nur zu konsumieren sondern auch aktiv mitzugestalten. Neue Technologien (welche im nächsten Punkt genauer erläutert werden) bilden die Grundlage um neue Anwendungen zu schaffen, die eine einfache und effiziente Nutzerinteraktion ermöglichen und damit die Aktivität der Benutzer fördert. Eine weitere Grundlage für die rasante Entwicklung des Web 2.0 ist die höhere Verfügbarkeit von kostengünstigen Breitband-Internetanschlüssen in Haushalten.[11]

2.3   Technologien im Web 2.0

Die Entwicklung des Web 2.0 ist nicht primär auf eine technologische Weiterentwicklung des Internets zurückzuführen, vielmehr sind die verwendeten Technologien ein Baustein des Web 2.0, der die veränderte Nutzung überhaupt erst ermöglicht. In diesem Abschnitt werden die wichtigsten technischen Aspekte des Web 2.0 kurz vorgestellt.

2.3.1   Ajax

Ein wesentliches Merkmal von Web 2.0 Anwendungen ist die einfache und bequeme Benutzbarkeit für den User. Um die Interaktion mit Web 2.0 Anwendungen einfacher zu machen und somit auch den User zu motivieren selbst Inhalte zu publizieren, wird Ajax eingesetzt.[12]

Ajax steht für *Asynchronous Java Script and XML* und bezeichnet ein Konzept der asynchronen Datenübertragung zwischen Server und einem Browser. Ajax ist keine Program-

---

[10]URL: http://oreilly.com/web2/archive/what-is-web-20.html [9.1.2013]
[11]vgl. Koch/Richter, 2007, S.2 f.
[12]vgl. Back/Gronau/Tochtermann, 2009, S.78

miersprache sondern mehr eine Technik, die auf bereits bekannten und weitverbreiteten Technologien wie Javascript oder XML aufbaut.[13]

Der große Vorteil von Ajax liegt darin, dass nicht nach jeder Benutzeraktivität (z.B. dem Anklicken eines Links oder eines Menüpunkts), die komplette HTML-Seite neu geladen werden muss. Es werden nur die benötigten Daten dynamisch in die Seite geladen was zu einer besseren und vor Allem schnelleren Benutzbarkeit führt.[14]

Anhand eines Beispiels lässt sich Ajax sehr gut erklären: Bei der Wikipedia-Suche nach einem gewissen Artikel werden nach Eingabe eines Buchstaben sofort alle passenden Treffer angezeigt, das Resultat verbessert sich natürlich mit mehr eingegebenen Buchstaben. Die Suche wird damit viel dynamischer und der Nutzer findet früher seinen gesuchten Artikel. Bei einer Suche ohne Ajax, muss zuerst der ganze Suchbegriff eingegeben werden, dann wird eine Ergebnisseite geladen und der Nutzer muss sich durch die Liste arbeiten um sein gewünschtes Ziel zu erreichen. Ajax führt dazu, dass Web-Anwendungen in der Nutzung immer ähnlicher mit Desktop-Anwendungen werden.[15]

2.3.2   RSS und Atom

Ein weiteres Merkmal von Web 2.0 ist die Möglichkeit der Weiterverarbeitung von Daten einer Anwendung in einer anderen Anwendung. Mit RSS wird diese sogenannte Datenzentriertheit, das heißt die Trennung von Daten und Anwendungen, ermöglicht.
RSS steht für Rich Site Summary, RDF Site Summary oder Really Simple Syndication (je nach Version) und ist ein XML-Format um Inhalte für andere Anwendungen zur Verfügung stellen zu können. RSS-Dateien werden meist über HTTP aufgerufen, in diesem Fall nennt man sie RSS-Feeds.[16]

Abbildung 3: RSS-Feed Icon[17]
RSS-Feeds ermöglichen es Nutzern Nachrichten bzw. Neuigkeiten zu "abonnieren", das heißt der Nutzer muss nicht jede einzelne Webseite besuchen um Informationen von dort

---

[13]vgl. Koch/Richter, 2007, S.8
[14]vgl. Back/Gronau/Tochtermann, 2009, S.78
[15]vgl. Back/Gronau/Tochtermann, 2009, S.79
[16]vgl. Koch/Richter, 2007, S.10
[17]URL: http://images.teamsugar.com/files/users/1/15111/29_2007/new-rss-xml-feed-icon.jpg [31.12.2012]

zu erhalten, sondern die Informationen werden zentral gesammelt und können so bequem durch einen RSS-Client (z.b. Browser) abgerufen werden. Hier wird das im Web vorherr- schende Pull-Prinzip durch ein gefühltes Push-Prinzip abgelöst, da der Nutzer nicht selbst aktiv die Informationen holen muss, die Neuigkeiten kommen sozusagen zum Benutzer. Rein technisch gesehen arbeiten RSS-Clients aber trotzdem nach dem Pull-Prinzip, da die RSS-Feeds periodisch gelesen werden, dies geschieht aber vollautomatisch und ist somit für den User nicht ersichtlich. Podcasts und Videopodcasts basieren auch auf der RSS-Technologie. Hier wurde zusätzlich ein weiteres Attribut geschaffen, welches eine URL enthält die einfach auf eine Audio- oder Videodatei verweist.[18]

Nachdem verschiedene RSS-Versionen entstanden sind, wollte man mit Atom einen ein- heitlichen Standard schaffen, dieser heißt nun *RFC 4287*. Atom unterscheidet sich in manchen Punkten von RSS. Ein großer Vorteil ist die Möglichkeit den Inhalt eines Feeds durch das "Content-Element" zu beschreiben. Durch die Standardisierung ergeben sich auch bei anderen Dingen Vorteile gegenüber RSS, zum Beispiel beim einheitlichen Da- tumsformat in Atom-Feeds.[19]

Die meisten Anwendungen stellen ihre Inhalte sowohl in Atom als auch in RSS 2.0 zur Verfügung. Auch die meisten Leseprogramme unterstützen beide Standards.[20]

2.3.3 Mikroformate

Mikroformate dienen dazu, Webseiten gleichzeitig maschinen- und menschenlesbar zu machen um Information automatisch auslesen zu können und diese für andere Zwecke (andere Programme) zugänglich zu machen. Während mit RSS allgemein neue Inhalte bereitgestellt werden, können mit Mikroformaten sehr spezifische Anwendungsfelder ab- gedeckt werden. Mikroformate für Termine, Adressinformationen, Bewertungen oder sozi- ale Beziehungen sind einige Beispiele dafür. Meist bauen diesen Mikroformate auf dem XHTML-Standard auf.[21]

2.3.4 Web Services

Neben den bereits zuvor behandelten Merkmalen Datenzentriertheit und der einfachen Benutzbarkeit gibt es im Web 2.0 noch ein weiteres wichtiges Thema welches entschei- dend zum Erfolg des Web 2.0 beigetragen hat, nämlich die einfache Kombination und Weiterentwicklung bestehender Anwendungen. Dies geschieht dadurch, dass die Web 2.0 Anwendungen dienstorientiert gestaltet sind und ihre Funktionalität über eine Program-

---

[18] vgl. Back/Gronau/Tochtermann, 2009, S.79

[19] vgl. Alby, 2008, S.154

[20] vgl. Koch/Richter, 2007, S.10

[21] vgl. Back/Gronau/Tochtermann, 2009, S.80

mierschnittstelle (API=application programming interface) zugänglich gemacht ist. Diese API's werden über verschiedenste Web Services realisiert und ermöglichen entfernte Prozeduraufrufe auf Web-Servern über das HTTP-Protokoll welches es Client-Anwendungen ermöglicht Funktionen aufzurufen, die Ihnen Daten aus den Web 2.0 Anwendungen (oder auch Social Software Anwendungen genannt) liefern. Somit bilden Web-Services die Grundlage für Ajax-Anwendungen. Es gibt unterschiedliche Technologien und Formate zur Umsetzung von Web-Services, am meisten verbreitet sind jedoch SOAP, XML-RPC und REST.[22]

2.4   Enterprise 2.0

Der Begriff Enterprise 2.0 geht zurück auf Andrew McAfee, einem Professor der Harvard Business School. In seinem Blog "andrewmcafee.org"[23] beschreibt er den Begriff Enterprise 2.0 so:

"Enterprise 2.0 is the use of emergent social software within companies, or between companies and their partners or customers."[24]

Enterprise 2.0 bezeichnet der Definition von McAfee zufolge somit die Anwendung von Web 2.0 Ideen und Konzepten in der Unternehmenswelt, egal ob im Unternehmen, zwischen Unternehmen oder deren Partnern in der Wertschöpfungskette.

Unter *Social software* versteht McAfee die Möglichkeit für Menschen sich über Internetbasierte Kommunikation zu treffen, in Verbindung zu setzen oder zusammenzuarbeiten. Mit *Emergent platforms* meint McAfee eine Software oder Anwendung, die an keine feste Form gebunden ist sowie die Beiträge und Interaktionen auf diesen digitalen Plattformen global sichtbar ist und auch über längere Zeit verfügbar bleibt.[25]

Genauso wie bei Web 2.0 handelt es sich bei Enterprise 2.0 nicht um ausschließlich technische Neuheiten sondern um die veränderte Nutzung von Anwendungen. Im privaten Bereich haben sich die Konzepte des Web 2.0 zuerst durchgesetzt, zuerst getrieben von Hardcore-Nutzern und dann akzeptiert und verwendet von der breiten Masse. Diese Ideen wurden dann auch von den privaten Nutzern in ihre Geschäftswelt hineingetragen. Die meisten Unternehmen erkannten das Potential der Web 2.0 Konzepte zuerst nicht, es war sozusagen meist ein Bottom-Up Prozess der Einführung, das heißt die Entwicklung wurde von der Basis, sprich den Mitarbeitern, vorangetrieben.[26]

---

[22] vgl. Back/Gronau/Tochtermann, 2009, S.81
[23] URL: http://andrewmcafee.org/
[24] URL: http://andrewmcafee.org/2006/05/enterprise_20_version_20/ [4.1.2013]
[25] vgl. URL: http://andrewmcafee.org/2006/05/enterprise_20_version_20/ [4.1.2013]
[26] vgl. Newman/Thomas, 2008, S.13

Newman und Thomas erklären die Tatsache der langsamen Einführung von Web 2.0 Konzepten in Unternehmen in ihrem Buch "Enterprise 2.0 Implementation" so:

"Enterprises have policies and procedures that inhibit change and the old command and control mentality is directly opposed to the distributed, collaborative techniques used in Web 2.0."[27]

Es standen sich sozusagen zwei völlig konträre Denkweisen gegenüber, einerseits die offene, innovative, auf Zusammenarbeit fokussierte Idee des Web 2.0, andererseits die oft starre, Top-Down gesteuerte Entscheidungs- und Kontrollstruktur in vielen Unternehmen.

2.5   Tools im Web 2.0

Im Web 2.0 gibt es verschiedenste Konzepte und Tools, die allesamt auf den zuvor be-schriebenen Merkmalen und technologischen Grundlagen basieren. Im Folgenden wer-den die, für diese Arbeit, wichtigsten Konzepte vorgestellt. Es werden im Speziellen Wikis, Blogs und Social Networks näher betrachtet, da diese Tools sehr weit verbreitet sind und für die Anwendung im Unternehmen ebenso viele Möglichkeiten bieten wie für den priva-ten Bereich. Zusätzlich wird noch das Konzept des *Taggings* vorgestellt, dessen Funktio-nen sich vor Allem in Social Networks und Blogs wiederfinden.

2.5.1   Wikis

2.5.1.1 Definition

Eine Wiki ist eine Web-basierte Software, die es allen Betrachtern einer Seite ermöglicht, die Inhalte zu ändern. Die Änderung passiert direkt online im Browser. Diese Eigenschaft mach aus Wikis leicht zu bedienende Plattformen, die eine kooperative Arbeit an Texten und Hypertexten ermöglichen. Der Begriff *wiki* ist hawaiianisch und bedeutet im Deut-schen so viel wie "schnell" oder "sich beeilen".[28]

2.5.1.2 Merkmale und Funktionsweise

Wikis sind also Sammlungen von verlinkten Webseiten, deren Stärken sowohl in der ein-fachen Möglichkeit des Editierens sowie der Konzipierung als offenes System liegen. Wi-kis funktionieren wie ein vereinfachtes Content-Management System, welches hier als

---

[27]Newman/Thomas, 2008, S.13
[28]vgl. Ebersbach et al., 2008, S.14

Wiki-Software oder Wiki-Engine bezeichnet wird.[29] Der Text einer Wiki-Seite kann prinzipiell ohne jegliche Kenntnisse von HTML erstellt und geändert werden. Zusätzlich gibt es noch die Möglichkeit durch eine bestimmte Syntax, die je nach Wiki-Software unterschiedlich sein kann, den Text zu gliedern und zu strukturieren. Meist werden aber auch schon WYSIWYG ("What you see is what you get") -Editoren angeboten, bei denen auch keinerlei Kenntnisse der Syntax benötigt werden.[30]

Damit verändert sich die Stellung von "normalen" Internetnutzern. Diese werden vermehrt von Lesern selbst zu Redakteuren.[31]

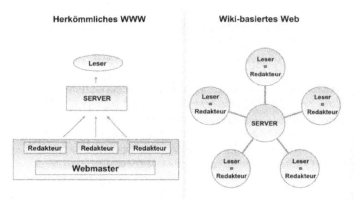

Abbildung 4: Wikis - Internetnutzer werden zu Redakteuren[32]

Jede Person kann Inhalte editieren, neue Artikel schreiben oder Fehler ausbessern, wodurch sich auch die Qualität der Einträge ständig verbessert. Ein weiterer Vorteil liegt in der Nachvollziehbarkeit der Änderungen durch die Benutzer. In der sogenannten Änderungsübersicht ist genau ersichtlich wer, wann, welchen Teil eines Textes verändert hat, wodurch dem Entstehen von Fehlern bzw. Vandalismus vorgebeugt wird. Es ist auch möglich, eine vorhergehende Version eines Artikels bei Bedarf wiederherzustellen.[33]
In Abbildung 4 ist das Erscheinungsbild einer typischen Wiki zu sehen. In dieser Wiki geht es um die Herr der Ringe - Filmtrilogie.

---

[29]vgl. Ebersbach et al., 2008, S.15
[30]vgl. Koch/Richter, 2007, S.37
[31]vgl. Streiff, 2004, S.4 f.
[32]Komus/Wauch, 2008, S.6
[33]vgl. Back/Gronau/Tochtermann, 2009, S.12

Abbildung 5: typisches Erscheinungsbild einer Wiki[34]

2.5.1.3 Anwendungsgebiete im Unternehmen

Da es bei dieser Arbeit um den Einsatz von Web 2.0 Tools im Unternehmensumfeld geht, werden diese hier dargestellt. Die private Nutzung von diesen Anwendungen ist nicht zentraler Teil dieser Arbeit, und wird deswegen nicht näher betrachtet.

Für Wikis haben sich mit der Zeit unterschiedlichste Anwendungsszenarien in Unternehmen ergeben. Oft wird als Haupteinsatzszenario die Softwareentwicklung angegeben, da hier die thematische Nähe bzw. die technische Fertigkeit der Benutzer gegeben ist.[35]
Es gibt jedoch viele andere Möglichkeiten Wikis in Unternehmen einzusetzen, hier einige Beispiele:[36][37]

- Wissensmanagement: Sammlung und Weiterentwicklung von Ideen; Gemeinsame Erstellung von Handbüchern, Schulungsunterlagen oder Fehlerdokumentation bei der Erstellung von Software.
- Projektmanagement: Sehr gut geeignet für die Kommunikation und Koordination in Projekten. Erstellung und Pflege von Besprechungsprotokollen, Projektbeschreibungen, Zeitplänen, Tagesordnungen, etc. Das Verschicken vorher genannter Dokumente per E-Mail entfällt dadurch.
- E-Learning: Für die Durchführung von Gruppenarbeiten oder Online-Tests.

---

[34]URL: http://ardapedia.herr-der-ringe-film.de/index.php/Gandalf [12.1.2013]
[35]vgl. Back/Gronau/Tochtermann, 2009, S.15
[36]vgl. Koch/Richter, 2007, S.38
[37]vgl. Back/Gronau/Tochtermann, 2009, S.15

2.5.2 Blogs

2.5.2.1 Definition

Der Begriff *Blog* ist eine Abkürzung für *Weblog*, das sich wiederum aus den Begriffen *web* und *log* (Protokoll oder Log wie in Logbuch) zusammensetzt. Ein Blog ist nichts anderes als eine regelmäßig aktualisierte Webseite, chronologisch dargestellt nach dem Datum des jeweiligen Eintrags. Der jeweils aktuellste Eintrag steht ganz oben, die älteren finden sich darunter. Ein Blog ähnelt in seiner Form einem Tagebuch, wobei der große Unterschied darin liegt, dass Blogs im Internet veröffentlicht werden.[38]

2.5.2.2 Merkmale und Funktionsweise

Die große Beliebtheit von Blogs ergibt sich aus der Einfachheit der Nutzung. Es sind keinerlei Kenntnisse von Programmier- bzw. Auszeichnungssprachen erforderlich. Jeder, der mit einem Textverarbeitungsprogramm umgehen kann, kann auch einen Blog führen.[39] Neben Text können auch Bilder, Videos oder Sounds über einen Blog publiziert werden.

Beim Bloggen gibt es einige technische Möglichkeiten um einen Blog zu vernetzen und so zu größerer Popularität zu verhelfen. Wird in einem verfassten Beitrag ein Beitrag eines anderen Bloggers erwähnt, erhält dieser über sein Blogging-System sofort eine Nachricht darüber, dies wird *Trackback* genannt. Blog-Autoren haben zudem die Möglichkeit auf ihre "Lieblings-Blogs" in einer sogenannten *Blogroll* zu verweisen und direkt zu verlinken. Um regelmäßig die neuesten Blog-Einträge geliefert zu bekommen, unterstützen die meisten Blogs RSS, somit ist es möglich einen Blog zu "abonnieren". Ein weiteres Merkmal von Blog-Einträgen sind die sogenannten *Permalinks*, das heißt, dass jeder Beitrag eine eigene URL besitzt und unter dieser dauerhaft aufrufbar ist.[40]

Bei der technischen Abwicklung gibt es im Grunde zwei unterschiedliche Möglichkeiten: Entweder wird eine Blogsoftware auf dem eigenen Server installiert (z.b. *WordPress, Drupal, B2Evolution* etc.) oder es handelt sich um gehostete Lösungen (z.B. *Blogger.com, Twoday.net* etc.).[41] Bei *Wordpress*, der bekanntesten Blog-Software, ist noch zu sagen dass sowohl die Software heruntergeladen werden kann aber auch eine gehostete Lösung angeboten wird. Beide Arten ermöglichen es den Nutzer seinen Blog individuell zu konfigurieren. Meist kann man aus vielen verschiedenen Templates wählen, sprich das Design, die Schriftart usw. anpassen. Zusätzlich lassen sich durch diverse Plug-Ins Funk-

---

[38]vgl. Alby, 2008, S.21
[39]vgl. Alby, 2008, S.22
[40]vgl. Back/Gronau/Tochtermann, 2009, S.19
[41]vgl. Komus/Wauch, 2008, S.8

tionalitäten einer Webseite bis hin zu ganzen Online-Shops integrieren. Die Grenzen zwischen einem Blog und einer klassischen Webseite verschwimmen deswegen mehr und mehr.

Der typische Aufbau ist in der nächsten Abbildung dargestellt. Die Überschrift eines Eintrags (1), die Möglichkeit Kommentare zu verfassen (2), die Aufbewahrung älterer Beiträge im Archiv (3). Neben der Blogroll (4). ist auch die Suchfunktion (5) hier zu sehen:

Abbildung 6: Typischer Aufbau eines Blogs[42]

Neben der Vernetzung eines Blogs spielt auch die Partizipation Anderer in einem Blog eine entscheidende Rolle. Leser, also Konsumenten eines Blogs, sollen nicht nur Lesen sondern auch aktiv werden in Form von Kommentaren. Sie sollen ihre Meinung zum vorliegenden Beitrag kundtun, diesen loben oder kritisieren, oder eine neue Facette des Themas ansprechen. So können wertvolle Diskussionen entstehen, auch im Einsatz von Blogs in Unternehmen.[43]

Blogs kommen in ganz verschiedenen Szenarien zum Einsatz. Grundsätzlich unterscheiden kann man zwischen persönlichen, Community- und Business-Blogs. Persönliche Blogs sind meist klassische Online-Tagebücher, in denen Privatnutzer über ihre Erlebnisse oder Gedanken berichten. Community-Blogs definieren sich über ihre Zielgruppe und bieten für diese Gruppe relevantes Themen und Informationen an.[44] Die Themenvielfalt ist

---

[42]URL: http://blogaufbau.blogspot.co.at/ [10.1.2013]
[43]vgl. Alby, 2008, S.22
[44]vgl. Komus/Wauch, 2008, S.9

schier unendlich. Zu den Anwendungsgebieten von Blogs für Unternehmen wird in der Folge näher eingegangen.

2.5.2.3 Anwendungsgebiete im Unternehmen

Unternehmen können Blogs für verschiedene Zwecke einsetzen. Grundsätzlich kann man zwischen dem Einsatz in der externen Unternehmenskommunikation (z.B. Corporate-Blog, Produkt-Blog, CEO-Blog etc.) und der internen Unternehmenskommunikation (Innovationsblog, Projektblog, CEO-Blog etc.) unterscheiden.

Das Ziel von Blogs für die externe Unternehmenskommunikation ist es eine weitere, direkte Kommunikationsmöglichkeit mit dem Kunden zu schaffen. In einem typischen CEO-Blog informiert ein Mitglied der Führungsetage die Kunden, Partner oder andere Interessierte möglichst authentisch über aktuelle Themen und Entwicklungen im Unternehmen. Eine weitere Form ist der Corporate-Blog, in dem Informationen über Produkte und Services des Unternehmen veröffentlicht werden und die Mitarbeiter für Fragen der Kunden zur Verfügung stehen und diese beantworten.[45]

Für diese Arbeit wichtiger ist aber der unternehmensinterne Einsatz von Blogs, der auch oft in Zusammenhang mit Enterprise 2.0 genannt wird. Hier ist vor Allem das Bloggen zur Unterstützung des Wissens- und Projektmanagements gemeint. Projektblogs können zum Beispiel helfen die E-Mail Flut zwischen Projektbeteiligten zu minimieren und die Transparenz zu erhöhen. Wissen kann für alle Beteiligten einfach zugänglich gemacht werden, es kann über Dinge einfach diskutiert und reflektiert werden. Vor Allem für räumlich getrennte Teams ergeben sich so neue Möglichkeiten der Zusammenarbeit. Auch für Führungskräfte wird es leichter einen Überblick über Fortschritte in Projekten, die Zufriedenheit und die Auslastung der Mitarbeiter zu bekommen. In so genannten Innovations- oder Idea-Blogs können Mitarbeiter ihre Verbesserungsvorschläge einbringen und von den Kollegen bewerten lassen bzw. gemeinsam weiterentwickeln. Wie bereits zuvor erwähnt, kann ein CEO-Blog auch unternehmensintern eingesetzt werden. Speziell bei großen Unternehmen kann dies zu höherer Identifikation der Mitarbeiter mit ihrem Unternehmen führen und bietet auch die Möglichkeit direkt mit dem CEO in Kontakt zu treten.[46]

---

[45]vgl. Back/Gronau/Tochtermann, 2009, S.23
[46]vgl. Koch/Richter, 2007, S.28 f.

2.5.3   Social Networks

2.5.3.1 Definition

Unter (Social) Networking versteht man grundsätzlich den Aufbau und das Pflegen von Beziehungen. Im Internet kann man ein soziales Netzwerk als eine lose Verbindung von Menschen in einer Netzgemeinschaft bezeichnen.[47]

2.5.3.2 Merkmale und Funktionsweise

Social-Networking-Dienste ermöglichen es Menschen sehr einfach miteinander in Kontakt zu treten und auch zu bleiben. Diese Dienste bieten meist alle dieselben grundlegenden Funktionen:[48]

- *Identitätsmanagement:* Der Benutzer hat die Möglichkeit Information über seine eigene Person anzugeben. Dies kann sein Lebenslauf sein, seine Interessen, Hobbies oder seine Fachgebiete in einem Unternehmen. Auch Profilbilder können hochgeladen werden.
- *Kontaktmanagement:* Hier kann der Benutzer neue Kontakte hinzufügen sowie seine aktuellen Kontakte verwalten und gegebenenfalls wieder löschen.
- *Expertensuche:* Der Benutzer, sprich Mitarbeiter, kann bei einer Problemstellung geeignete Ansprechpartner über das Social-Network finden.
- *Blogging- oder Microblogging-Funktion:* Diese Funktion ermöglicht es den Benutzern eine Statusmeldung zu veröffentlichen, wobei es sich um verschiedenste Themen handeln kann.
- *Nachrichtenfunktion:* Es ist für Benutzer möglich, Nachrichten an andere Benutzer des Netzwerks zu senden bzw. von Ihnen Nachrichten zu empfangen.
- *Suchfunktion:* Durch die Suchfunktion können andere Nutzer einfacher gefunden werden.

2.5.3.3 Anwendungsgebiete in Unternehmen

Generell unterscheidet man bei Social-Networking-Diensten zwei verschiedene Arten, nämlich die offenen bzw. die geschlossenen Dienste. Die offenen Dienste zeichnen sich dadurch aus, dass sie für Jeden im Internet frei zugänglich sind. Beispiele dafür sind für den Privatgebrauch *Facebook* bzw. für den Einsatz im beruflichen Umfeld *Xing* oder *LinkedIn*. Die Funktionsweisen dieser Plattformen sind relativ ähnlich und unterstützen alle die oben beschriebenen Grundfunktionalitäten. Ein Vorteil bei solchen Plattformen ist natürlich die große Anzahl der angemeldeten User, auch von anderen Unternehmen, was dabei helfen kann neue Geschäftsbeziehungen anzubahnen oder neue Mitarbeiter zu

---

[47]vgl. Koch/Richter, 2007, S.53 f.
[48]vgl. Back/Gronau/Tochtermann, 2009, S.73

finden. Aber auch unternehmensintern ist der Einsatz durchaus möglich, noch dazu sind die Grundfunktionalitäten der Dienste kostenlos.[49]

Geschlossene Social-Networking-Dienste unterscheiden sich grundlegend dadurch, dass der Zugriff nur über das unternehmenseigene Intranet erfolgen kann und somit nur für die eigenen Mitarbeiter möglich ist. Der darin liegende Vorteil ist, dass mehr unternehmensinterne Daten ins System gestellt werden können und diese Daten auch automatisch aus diversen firmeninternen Systemen importiert werden können.[50]

Beispiele für solche Systeme sind *IBM Lotus Connections*[51] oder *Microsoft Sharepoint*[52], diese beiden Systeme sind kostenpflichtig. Es gibt aber auch kostenlose Open-Source Produkte wie z.B. *elgg*.[53]

Das typische Aussehen eines Profils in Social-Networking-Diensten ist in folgender Abbildung zu sehen. Teilbereiche des Profils: Profilbild; About Me (kurze Beschreibung der Person); Network (Kontakte des Nutzers); Board (gesammelte Statusmeldungen) etc.:

Abbildung 7: Benutzerprofil bei IBM Lotus Connections[54]

---

[49]vgl. Back/Gronau/Tochtermann, 2009, S.73 ff.

[50]vgl. Back/Gronau/Tochtermann, 2009, S.73 ff.

[51]URL: http://www-01.ibm.com/software/at/lotus/wdocs/connection/

[52]URL: http://sharepoint.microsoft.com

[53]URL: http://elgg.org/

[54]URL: http://www-01.ibm.com/software/lotus/images/Connections_25_Profiles_MyProfile_1024x768.jpg
[10.1.2013]

Das Potenzial von Social-Networking-Diensten in Unternehmen ist sehr hoch. Vor Allem in der Anbahnung der Zusammenarbeit zwischen Mitarbeitern eines Unternehmens aber auch unternehmensübergreifend ist der Einsatz sehr sinnvoll. Dies wird vor Allem durch das Identitätsmanagement und das Kontaktmanagement erreicht. Experten für gewisse Fachgebiete können leicht aufgefunden werden. Die Kommunikation kann dadurch flexibler und effizienter gestaltet werden. Das im Unternehmen vorhandene Wissen wird dadurch besser ausgeschöpft, da man weiß welches Wissen bei welchen Mitarbeiter vorhanden ist.[55]

2.5.4   Tagging und Folksonomies

2.5.4.1 Definition

Ein *Tag* ist ein oder mehrere beschreibende Begriffe für ein Objekt. *Tagging* ist daher das Auszeichnen oder Indexieren von Inhalten (Texte, Dokumente, Einträge in Blogs, Videos, Bilder etc.) mit vom Benutzer frei wählbaren Begriffen. Der Begriff *Folksonomy* (Wortschöpfung aus Folks und Taxonomy) bezeichnet eine Sammlung von Tags, die entsteht wenn viele Benutzer ihre Objekte taggen.[56]

Eine *Tag Cloud* (deutsch: Schlagwortwolke) ist eine gewichtete Sammlung von Tags, die je nach Popularität kleiner oder größer dargestellt werden.[57] In Abbildung 6 ist eine Tag Cloud zu sehen:

Abbildung 8: Tag Cloud zum Thema Web 2.0[58]

---

[55]vgl. Back/Gronau/Tochtermann, 2009, S.76 f.

[56]vgl. Alby, 2008, S.127

[57]vgl. Alby, 2008, S.127 f.

[58]URL: http://www.muenstergass.ch/blog/wp-content/uploads/2007/04/tag-cloud.gif [10.1.2013]

2.5.4.2 Merkmale und Funktionsweise

Tags werden sehr häufig eingesetzt um Blog-Einträge zu kategorisieren. Dies hilft sowohl dem Autor selbst als auch den Lesern eines Blogs, erstens Inhalte wiederzufinden und zweitens überhaupt erst auf Inhalte aufmerksam zu werden.[59] In manchen Social-Networking-Diensten können sich Benutzer selbst mit Tags bestimmten Themen zuordnen.[60]

2.5.4.3 Anwendungsgebiete in Unternehmen

Im Unternehmensumfeld können sich Mitarbeiter mithilfe von Tags bestimmten Fertigkeiten oder Spezialgebieten zuordnen. Wie vorher schon erwähnt können Dokumente oder Beiträge ebenfalls durch Tagging identifiziert werden. Dies kann bei der Suche nach Informationsobjekten oder Kompetenzträgern zu einer Reduktion von Zeit und damit auch Kosten führen. Smolnik und Riempp sehen auch in der Identifikation von bisher unbekannten Informationen und der damit verbundenen Vermeidung von Fehlern aus Unkenntnis eine gesteigerte Innovationsfähigkeit. Zusätzlich führt das Betrachten von Tag Clouds bei Anwendern dazu, dass sie sich mit Sichtweisen von anderen Nutzern beschäftigen und eventuell neue Zusammenhänge entdecken.[61]

---

[59] vgl. Koch/Richter, 2007, S.46 f.
[60] vgl. Koch/Richter, 2007, S.60 f.
[61] vgl. Smolnik/Riempp, 2006, S.21 f.

3   Projektmanagement

Dieser Teil der Arbeit beschäftigt sich mit dem Thema Projektmanagement. Zuerst wird der Projektbegriff erklärt. Anschließend wird der Begriff Projektmanagement definiert und ein typischer Projektmanagementprozess mit den beinhaltenden Aktivitäten vorgestellt. Zum Abschluss werden noch allgemeine Erfolgsfaktoren im Rahmen des Projektmanagements erläutert.

3.1   Projektdefinition

Ein Projekt ist eine vorübergehende Organisation eines Unternehmens, welches projektorientiert denkt und handelt um einen Prozess mit einem bestimmten Umfang durchführen zu können. Der durchzuführende Prozess kann verschieden ausgeprägt sein, wichtige Aspekte dabei sind:[62]

- die relative Einmaligkeit
- eine kurze bis mittlere Dauer
- eine mittlere bis hohe strategische Bedeutung und
- ein mittlerer bis großer Umfang.

Burghardt sieht folgende konkrete Kriterien an denen Projekte auszumachen sind:[63]

- Eindeutigkeit der Aufgabenstellung
- definierte Dauer mit festem Endtermin
- finanzielle Rahmenbedingungen
- klare Verantwortungen in der Organisation

Ein Projekt umfasst alle Aktivitäten, die für das Erreichen des jeweiligen Projektziels notwendig sind.[64]

3.2   Das Projektdreieck

Der Erfolg eines Projektes hängt grundsätzlich von den drei Parametern *Leistung, Ressourcen* und *Zeit* ab. Durch diese drei entscheidenden Einflussgrößen, kann der Verlauf eines Projekts veranschaulicht werden. Jedes Projekt hat ein gewisses Ziel, dass durch den Einsatz von Ressourcen (Geld, Personal, Maschinen etc.) und dem Verbrauch von Zeit durch eine bestimmte Leistung erreicht werden soll. In der nachstehenden Abbildung ist das "magische Dreieck des Projektmanagements" grafisch dargestellt:[65]

---

[62] vgl. Gareis, 2006, S.62
[63] vgl. Burghardt, 2001, S.19
[64] vgl. Burghardt, 2001, S.19
[65] vgl. Burghardt, 2001, S.23

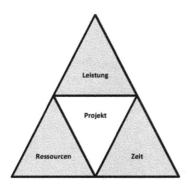

Abbildung 9: Das Projektdreieck[66]

Die schwierige Aufgabe des Projektmanagements ist es nun, diese Parameter in ein optimales Verhältnis zu bringen:[67]

- Höhere Qualität benötigt mehr Zeit und/oder mehr Geld
- Frühere Termine können nur durch höheren Einsatz an Ressourcen oder eine geringere Qualität erreicht werden
- Reduziert man die Kosten, hat dies meist direkten Einfluss auf die Qualität der erbrachten Leistung oder der Projektdauer

3.3   Projektmanagement

Im Kapitel zuvor wurden bereits die grundlegenden Aufgaben des Projektmanagements kurz genannt. Nach DIN-Norm 69 901 ist Projektmanagement die Gesamtheit von Führungsaufgaben, -organisationen, -techniken und -mitteln für die Abwicklung eines Projekts. Für Kessler und Winkelhofer umfasst das Projektmanagement folgende Komponenten:[68]

- das Lösen von Problemen in Projekten, die Organisation und Steuerung der Arbeit sowie die Gestaltung psychologischer Einflüsse
- das Management der Inhalte und Ziele des Projekts (Sachebene), die Art und Weise des Vorgehens (Methodenebene) und die Steuerung der Interaktionen und Beziehungen (Personenebene)
- das Schaffen eines gemeinsamen Verständnisses und die Festlegung der Zielsetzungs-, Weisungs- und Entscheidungsbefugnisse
- das Bereithalten des Vorgehensrahmens, der Methoden und Instrumente

---

[66] eigene Darstellung [in Anlehnung an Kessler/Winkelhofer, 2002, S. 55]
[67] vgl. Burghardt, 2001, S.23 f.
[68] vgl. Kessler/Winkelhofer, 2002, S.10 f.

Projektmanagement ist funktional definiert ein Prozess projektorientierter Organisationen, der verschiedenste Teilprozesse beinhaltet.[69] Diese werden im nächsten Kapitel im Detail vorgestellt.

3.3.1 Projektmanagementprozess

Wie bereits zuvor erläutert ist Projektmanagement nichts anderes als ein Prozess mit verschiedenen Teilprozessen und den darin enthaltenen Aktivitäten. Der Prozess unterscheidet sich leicht je nachdem welche Literatur verwendet wird, ist aber immer ähnlich aufgebaut. Der folgende Prozess basiert auf der pm-baseline der Projekt Management Austria (pma) und dem von Roland Gareis beschriebenen Projektmanagement-Prozess.[70][71] Im Folgenden wird der Ablauf des Prozesses mit den einzelnen Teilprozessen grafisch dargestellt:

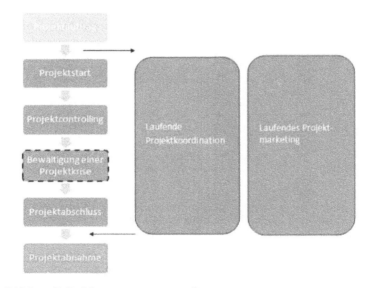

Abbildung 10: Projektmanagementprozess[72]

---

[69] vgl. Gareis, 2006, S.79 f.

[70] vgl. Projekt Management Austria, 2008, S.11 ff.

[71] vgl. Gareis, 2006, S.165 ff.

[72] eigene Darstellung [in Anlehnung an Gareis, 2006, S.166]

3.3.1.1 Projektstartprozess

Mit diesem Prozess sollte idealerweise ein Projekt gestartet werden. Aufgrund des engen zeitlichen Rahmens von vielen Projekten wird dieser wichtige Schritt oft außen vor gelassen, was die Qualität des Projektmanagements verschlechtert. Häufige Probleme sind dann unrealistische Projektziele und unklare Rollendefinitionen, unpassende und unverbindliche Projektpläne sowie fehlende organisatorische Regeln.[73]

Aus den genannten Problemen kann man direkt die Ziele des Projektstartprozesses ableiten:[74]

- Transfer von Informationen aus der Vorprojektphase in das Projekt
- Erstellung von Projektplänen zum Management von Projektzielen, Projektleistungen, Projektressourcen, Projekttermine, Projektkosten, etc.
- Design der Projektorganisation, passende Einbindung in die Stammorganisation
- Entwicklung der Projektkultur
- Vermittlung eines gemeinsamen "Big-Picture" vom Projekt an alle Beteiligten
- Planung von Maßnahmen für das Krisenmanagement
- Erstellung der Projektmanagement-Dokumentation für den Projektstart

Die Methoden im Projektstartprozess und die darin enthaltenen Aktivitäten sind in der folgenden Tabelle aufgelistet und kurz beschrieben:

Methode	Beschreibung
Planung	Situationsanalyse mit vorhandenen Projektdokumenten, Einzelgespräche, Interviews. Design des Projektmanagementprozesses.
Vorbereitung Projektstartkommunikation	Dokumentation Ergebnisse der Vorprojektphase. Erste Projektpläne erstellen und Planung Projektmarketing. Maßnahmen gegen Projektkrisen planen.
Durchführung Projektstartkommunikation	Teilnehmer für Kommunikationsform auswählen und einladen. Durchführung besteht aus Kombination von Kick-off Meetings, Einzelgesprächen und Projektstart-Workshops. Verteilung von Info-Material an Teilnehmer.
Nachbereitung Projektstartkommunikation	Erstellung der PM-Dokumentation und Ver-

---

[73] vgl. Gareis, 2006, S.171
[74] vgl. Projekt Management Austria, 2008, S.11

	teilung an Mitglieder der Projektorganisati-on. Abstimmung mit Projektauftraggeber und Durchführung von Projektmarketing.
Erste inhaltliche Arbeiten	parallel zu den anderen Tätigkeiten

Tabelle 2: Tätigkeiten im Projektstartprozess[75]

3.3.1.2 Projektkoordinationsprozess

Der Projektkoordinationsprozess startet mit einem Projektauftrag und endet erst mit der erfolgreichen Projektabnahme, diese Koordinationsarbeit stellt somit die laufende Tätig-keit eines Projektmanagers dar.[76]

Im Folgenden werden die Ziele des Projektkoordinationsprozesses dargestellt:[77]
- Laufende Information der Mitglieder der Projektorganisation und wichtiger Vertre-ter der Umwelt des Projekts
- Sicherung des Projektfortschritts und der Qualität der Arbeitspakete
- Abnahme von Arbeitspaketen
- Koordination und Disposition von Projektressourcen
- Laufende Kommunikation mit allen Beteiligten des Projekts

Die Methoden im Projektkoordinationsprozess und die darin enthaltenen Aktivitäten sind in der folgenden Tabelle aufgelistet und kurz beschrieben:

Methode	Beschreibung
Kommunikation mit Projektauftraggeber-team, Projektteammitgliedern, Projektmit-arbeitern und Vertretern aus der relevanten Umwelt.	Kommunikation erfolgt in persönlichen Ge-sprächen, per Telefon, E-Mail, Fax oder Videokonferenzen. Wichtig ist soziale Kompetenz von Projektmanager und Ein-satz von Kommunikationshilfsmitteln (Pro-jektdokumentationen, To-Do Listen, Sit-zungsprotokolle, Abnahmeprotokolle). Ver-bindlichkeit von Kommunikation sehr wich-tig.
Laufendes Projektmarketing	"Tu Gutes und sprich darüber" (Der Begriff des Projektmarketings wird später noch genauer erklärt)

---

[75] vgl. Gareis, 2006, S.170 f.
[76] vgl. Gareis, 2006, S.176
[77] vgl. Gareis, 2006, S.175

Teilnahme an Subteamsitzungen	Erstellung von Sitzungsprotokollen

Tabelle 3: Tätigkeiten im Projektkoordinationsprozess[78]

3.3.1.3 Projektmarketing

In vielen Projekten wird zwar sehr gute inhaltliche Arbeit geleistet jedoch wird das Projektmarketing stark vernachlässigt. Dies ist insofern problematisch, da der Erfolg (E) eines Projekts, aus dem Produkt von der Qualität (Q) der inhaltlichen Ergebnissen und der Akzeptanz (A) eines Projekts definiert werden kann (E=Q*A). Genauso wie die Projektkoordination ist auch das Projektmarketing ein ständiger Begleiter eines Projekts. Es kommt in allen Teilprozessen, vom Projektauftrag bis zur Projektabnahme, vor.[79]

Typische Ziele des Projektmarketings sind:[80]
- die Sicherung des Projekterfolgs durch aktives Marketing
- die Sicherung der Kundenzufriedenheit
- die Sicherung der Identifikation der Projektteammitglieder mit dem Projekt
- die Sicherung der Unterstützung durch wichtige Gruppen im Projektumfeld (Finanzierungsgeber, Projektauftraggeber, Entscheider etc.)

Verbreitete Hilfsmittel im Projektmarketing sind unter anderem:[81]
- Printmedien: Projektfolder, Projektnewsletter, Bericht in der Firmenzeitung etc.
- Events: Projektvernissagen, Projektpräsentationen und Sitzungen, projektbezogene Wettbewerbe, Projektstart - und Abschlussevents, Pressekonferenzen etc.
- Geschenke und Goodies: Sticker, T-Shirts etc.
- Projekt-Homepage
- Visits: Baustellenbesuch (bei Bauprojekten) etc.
- Projektmanagement-Dokumentationen: Projekthandbuch, Projektfortschrittsberichte etc.
- informelle Kommunikation wie Mundpropaganda, Gespräche beim Kaffee oder beim Mittagessen

3.3.1.4 Projektcontrollingprozess

Im Gegensatz zur Projektkoordination, findet das Projektcontrolling nicht laufend sondern in periodischen Abständen statt, diese Abstände sollten in Relation zur gesamten Projektdauer stehen. Da sich während der Durchführung ständig Dinge verändern, ist es notwendig ein Controlling durchzuführen. Das Controlling bezieht sich dabei nicht nur auf die

---

[78] vgl. Gareis, 2006, S.176
[79] vgl. Gareis, 2006, S.203 ff.
[80] vgl. Patzak/Rattay, 2009, S.205
[81] vgl. Projekt Management Austria, 2008, S.47

Faktoren Zeit, Leistung und Kosten sondern auch auf Dinge wie die Organisation oder die Projektkultur.[82]

Im Folgenden werden die Ziele des Projektcontrollings dargestellt:[83]

- Unterstützung bei der Formulierung von Projektzielen und Erfolgskriterien
- Entwicklung von Kennzahlen und Messsystemen
- Implementierung von Controllingstandards und -zyklen
- Soll-Ist-Vergleiche hinsichtlich Leistung, Qualität, Termine und Kosten
- Interpretation der Resultate und Entwicklung von Steuerungsmaßnahmen
- Erstellung von Projektberichten und Updating der Projektdokumentation
- Verfolgung der Entwicklungen im Projektumfeld

Die Methoden im Projektcontrollingprozess und die darin enthaltenen Aktivitäten sind in der folgenden Tabelle aufgelistet und kurz beschrieben:

Methode	Beschreibung
Planung Projektcontrolling	Eventuell Adaptierung von Projektcontrollingstrukturen (Häufigkeit, Inhalte und Form der Berichte, Kommunikationsformen etc.)
Vorbereitung Projektcontrollingkommunikation	Ist-Datenerfassung, Soll-Ist Vergleich, Abweichungsanalysen. Planung von steuernden Maßnahmen. Updating der Projektpläne und Projektdokumentationen.
Durchführung Projektcontrollingkommunikation	Sitzungen mit Projektteam und Projektauftraggeber, Verteilung von Info-Material. Schaffung einer gemeinsamen Projektwirklichkeit und Vereinbarung von Maßnahmen. Ergänzung und Korrektur der Controlling-Berichte.
Nachbereitung Projektcontrollingkommunikation	Fertigstellung der Projektmanagement-Dokumentation und der Controlling-Berichte. Verteilung der Berichte. Projektmarketingmaßnahmen.
Inhaltliche Arbeiten	parallel zu den anderen Tätigkeiten

Tabelle 4: Tätigkeiten im Projektcontrollingprozess[84]

---

[82] vgl. Gareis, 2006, S.179
[83] vgl. Patzak/Rattay, 2009, S.409
[84] vgl. Gareis, 2006, S.178 ff.

3.3.1.5 Prozess der Bewältigung einer Projektkrise

Projektkrisen sind extreme Projektsituationen, die eine gravierende Abweichung des Ablaufs vom Plan bewirken und die Existenz vom Projekt bzw. der Projektorganisation bedrohen.[85] Wegen der hohen Komplexität und Dynamik in Projekten gibt es ein großes Potenzial für Krisen. Um Projekte erfolgreich weiterführen zu können, bedarf es einer Kompetenz mit diesen Krisen professionell umzugehen. Der Prozess der Projektkrisenbewältigung beginnt mit der Definition einer Krise und endet wenn das Ende der Krise kommuniziert wurde.[86]

Die Ziele des Prozesses zur Krisenbewältigung sind:[87]
- die Krisenvermeidung (präventive Maßnahmen)
- die Vorsorge um Krisen überstehen zu können
- die Bewältigung einer eingetretenen Krise

Die Methoden im Projektkrisenbewältigungsprozess und die darin enthaltenen Aktivitäten sind in der folgenden Tabelle aufgelistet und kurz beschrieben:

Methode	Beschreibung
Definition der Projektkrise	Entscheidung der Definition und Kommunikation der Entscheidung an relevante Projektumwelt.
Planung und Durchführung von Sofortmaßnahmen	Planung, Entscheidung, Durchführung und Erfolgskontrolle von Sofortmaßnahmen. Kommunikation der Ergebnisse.
Ursachenanalyse, Planung Bewältigungsstrategien	Finden der Ursache dann Planung und Entscheidung für eine Bewältigungsstrategie. Kommunikation der Strategie.
Beendigung der Projektkrise	Kontrolle der Krisenbewältigung, Definition des Endes der Krise. Update der Projektmanagement-Dokumentation. Kommunikation des Endes der Krise.

Tabelle 5: Tätigkeiten im Prozess der Krisenbewältigung[88]

---

[85] vgl. Patzak/Rattay, 2009, S.440
[86] vgl. Gareis, 2006, S.186
[87] vgl. Patzak/Rattay, 2009, S.440 ff.
[88] vgl. Gareis, 2006, S.185

3.3.1.6 Projektabschlussprozess

Die Abschlussphase in einem Projekt ist dadurch charakterisiert, dass sich die Managementaktivitäten hauptsächlich um das Vervollständigen und Beendigen der noch laufenden Arbeitspakete drehen. Aber auch die Dokumentation der Ergebnisse ist wichtig um die Erfahrungen systematisch sammeln und auswerten zu können.[89]

Im Folgenden werden die Ziele des Projektabschlussprozesses dargestellt:[90]

- Fertigstellung inhaltlicher Restarbeiten und Planung der Phase nach Beendigung des Projekts
- Transfer des gewonnenen Know-Hows in die Organisation bzw. in andere Projekte
- Erstellung von Projektabschlussberichten
- Auflösung der Projektumweltbeziehungen
- Beurteilung des Projekterfolgs und Auflösung des Projektteams
- Formale Abnahme des Projekts
- Abschließendes Projektmarketing

Die Methoden im Projektabschlussprozess und die darin enthaltenen Aktivitäten sind in der folgenden Tabelle aufgelistet und kurz beschrieben:

Methode	Beschreibung
Vorbereitung Projektabschluss	Dokumentation von Restarbeiten, Planung von Nachprojektphase. Erstansätze für Beurteilung des Erfolgs, PM-Dokumentation und Projektabschlussberichte.
Durchführung Projektabschlusskommunikation	Verteilung von Info-Material. Abschluss-Workshop mit Projektteam, Abschlusssitzung mit Projektauftraggeberteam (formale Projektabnhame). Erfahrungsaustausch-Workshop.
Nachbereitung Abschlussdokumentation	Fertigstellung der Projektabschlussberichte. Abschließendes Projektmarketing.
Inhaltliche Restarbeiten	parallel zu den anderen Tätigkeiten

Tabelle 6: Tätigkeiten im Projektabschlussprozess[91]

---

[89] vgl. Patzak/Rattay, 2009, S.483

[90] vgl. Gareis, 2006, S.196

[91] vgl. Gareis, 2006, S.197 ff.

3.3.2   Erfolgsfaktoren im Projektmanagement

Zum Abschluss des Kapitels über Projektmanagement werden die wichtigsten Faktoren für den Erfolg eines Projektes angeführt. Zuerst muss man jedoch klären was *Erfolg* für ein Projekt überhaupt bedeutet. Kessler und Winkelhofer haben dafür zwei Kriterien:[92]

1. Die definierten Projektziele müssen erreicht werden.
2. Die geplanten Ressourcen in Form von Budgets, Kapazitäten und Zeit müssen eingehalten oder sogar unterschritten werden.

Generelle Erfolgsfaktoren für die Führung und Steuerung eines Projekts werden nachstehend genannt. Projektmanagement wird mit PM abgekürzt:[93]

- PM als Problemlösungsprozess
- PM als Verhalten
- PM als Kommunikation
- PM als Management von Risiken
- PM als Informationsmanagement
- PM als Methodik
- PM als Methoden-Mix
- PM als Tool- und Werkzeugbox
- PM als Projekt-Controlling

---

[92] vgl. Kessler/Winkelhofer, 2002, S.14 f.
[93] vgl. Kessler/Winkelhofer, 2002, S.18

4 Anwendung von Web 2.0 Tools im Projektmanagement

Dieses Kapitel soll nun eine Verbindung zwischen dem Kapitel "Web 2.0" und dem Kapitel "Projektmanagement" herstellen und die letzten beiden Forschungsfragen beantworten. Das Kapitel ist so aufgebaut, dass aufbauend auf den Phasen des Projektmanagement-prozesses (siehe Kapitel 3.4) zuerst jeweils eine Bewertung der Anwendbarkeit einzelner Web 2.0 Tools erfolgt. In der weiteren Folge werden die Einsatzmöglichkeiten der ausge-wählten Web 2.0 Tools noch einmal im Detail erläutert und die Bewertung in der vorange-gangen Tabelle erklärt.

4.1 Bewertung der Eignung von Web 2.0 Tools im Projektmanagement-prozess

In einem ersten Schritt werden die im Kapitel 2 vorgestellten Web 2.0 Tools (Wikis, Blogs und Social Networks) mit den Phasen des Projektmanagementprozesses aus Kapitel 3 gegenübergestellt. Die Eignung zur Unterstützung von diesen Projektmanagement-Aktivitäten durch die Web 2.0 Tools wird durch eine einfache Bewertung in Tabellenform festgestellt. Die Kriterien dabei sind die vorhandenen oder eben nicht vorhandenen tech-nischen Möglichkeiten des jeweiligen Tools um einen bestimmten Teil-Prozess sinnvoll unterstützen zu können, sowie die Einfachheit der Handhabung.

Um die Bewertungen möglichst einfach und nachvollziehbar zu machen, wurden folgende drei Einstufungen zur Evaluierung der Eignung des jeweiligen Web 2.0 Tools zur Unter-stützung der jeweiligen Projektphase / Aktivität herangezogen:

- "+" - gute bis sehr gute Eignung um Prozess zu unterstützen
- "~" - mittlere Eignung um Prozess zu unterstützen
- "-" - schlechte bis gar keine Eignung um Prozess zu unterstützen

4.1.1 Web 2.0 Tools im Projektstartprozess

Bewertung der Eignung von ausgewählten Web 2.0 Tools im Projektstartprozess:

Methode	Wikis	Blogs	Social Networks
Planung	+	~	-
Vorbereitung Projektstart-kommunikation	+	~	-
Durchführung Projekt-startkommunikation	~	+	+
Nachbereitung Projekt-startkommunikation	+	+	~

Tabelle 7: Bewertung Web 2.0 Tools für Projektstartprozess

4.1.2   Web 2.0 Tools im Projektkoordinationsprozess

Bewertung der Eignung von ausgewählten Web 2.0 Tools im Projektkoordinationsprozess:

Methode	Wikis	Blogs	Social Networks
Kommunikation mit Projektauftraggeberteam, Projektteammitgliedern, Projektmitarbeitern und Vertretern aus der relevanten Umwelt	+	+	+
Laufendes Projektmarketing	~	+	+
Teilnahme an Subteamsitzungen	+	~	-

Tabelle 8: Bewertung Web 2.0 Tools für Projektkoordinationsprozess

4.1.3   Web 2.0 Tools im Projektmarketing

Bewertung der Eignung von ausgewählten Web 2.0 Tools im Projektmarketing:

Methode	Wikis	Blogs	Social Networks
Projektmarketing	~	+	+

Tabelle 9: Bewertung Web 2.0 Tools für das Projektmarketing

4.1.4   Web 2.0 Tools im Projektcontrollingprozess

Bewertung der Eignung von ausgewählten Web 2.0 Tools im Projektcontrollingprozess:

Methode	Wikis	Blogs	Social Networks
Planung Projektcontrolling	~	-	-
Vorbereitung Projektcontrollingkommunikation	+	-	-
Durchführung Projektcontrollingkommunikation	+	~	-
Nachbereitung Projektcontrollingkommunikation	+	+	+

Tabelle 10: Bewertung Web 2.0 Tools für Projektcontrollingprozess

4.1.5   Web 2.0 Tools im Projektkrisenbewältigungsprozess

Bewertung der Eignung von ausgewählten Web 2.0 Tools im Projektkrisenbewältigungsprozess:

Methode	Wikis	Blogs	Social Networks
Definition der Projekt-	~	+	+

krise			
Planung und Durchführung von Sofortmaßnahmen	~	+	+
Ursachenanalyse, Planung Bewältigungsstrategien	~	+	+
Beendigung der Projektkrise	+	+	+

Tabelle 11: Bewertung Web 2.0 Tools für Projektkrisenbewältigungsprozess

4.1.6   Web 2.0 Tools im Projektabschlussprozess

Bewertung der Eignung von ausgewählten Web 2.0 Tools im Projektabschlussprozess:

Methode	Wikis	Blogs	Social Networks
Vorbereitung Projektabschluss	+	-	-
Durchführung Projektabschlusskommunikation	~	+	+
Nachbereitung Abschlussdokumentation	+	+	+

Tabelle 12: Bewertung Web 2.0 Tools für Projektabschlussprozess

4.2   Wikis im Projektmanagement

Wie in den vorangehenden Bewertungen ersichtlich ist (siehe Kapitel 4.1), eignen sich Wikis gut bis sehr gut für viele Aspekte im Projektmanagement bzw. im Projektmanagementprozess. In diesem Kapitel wird versucht, die Gründe zu erläutern warum und wie eine Wiki sinnvoll im Projektmanagement eingesetzt werden kann und wo die Vorteile liegen.

Die Vorteile von Wikis liegen ganz klar in der einfachen Möglichkeit der Partizipation für die Projektmitarbeiter, die keine oder nur sehr wenige Syntax-Kenntnisse erfordern, sowie in der Konzipierung als offenes System (siehe Kapitel 2.5.1).

Schon im Projektstartprozess und in der darin enthaltenen Planung des Projekts inklusive der Erstellung von Projektplänen (siehe Kapitel 3.3.1.1), ist der Einsatz von Wikis empfehlenswert. Die Projektmitarbeiter, der Projektmanager sowie alle anderen Projektbeteiligten haben stets den Überblick über das Projekt und zusätzlich die Möglichkeit selber Änderungen durchzuführen. Dies hilft in der Vermittlung eines "Big Pictures" vom Projekt für alle Beteiligten, welches ein wichtiges Ziel im Projektstartprozess ist (siehe Kapitel 3.3.1.1). Auch für die Nachbereitung der Projektstartkommunikation können Wikis eingesetzt werden. In diesem Schritt geht es um die Erstellung der Projektmanagement-

Dokumentation und deren Verteilung an alle Mitglieder der Projektorganisation. Durch den Einsatz von Wikis für die Projektmanagement-Dokumentation spart sich der Projektmanager Zeit durch den Wegfall der E-Mail Kommunikation und gleichzeitig können eventuelle Fehler gemeinsam ausgebessert werden. Durch die Änderungsübersicht in Wiki-Systemen (siehe Kapitel 2.5.1.2) sind Änderungen für alle Projektbeteiligten nachvollziehbar und der betroffene Mitarbeiter kann bei Bedarf kontaktiert werden.

Wikis sind für den Einsatz im Projektmarketing nur mittelmäßig geeignet, da die grafische Darstellung einer Wiki einfach und zweckmäßig ist. Die Generierung von Präsentationen ist nicht möglich, weshalb auf andere Systeme zurückgegriffen werden muss, will man keine Einbußen in Kauf nehmen.[94] Auch sind viele Inhalte einer Projekt-Wiki nicht für jeden interessant.

Ein wichtiges Ziel in der Projektkoordination ist die laufende Information aller Projektbeteiligten. Dies wird durch die Kommunikation mit dem Projektauftraggeberteam, den Projektteammitgliedern, den Projektmitarbeitern und Vertretern aus der relevanten Projektumwelt sichergestellt (siehe Kapitel 3.3.1.2). Wikis können hier helfen, das gesamte Projekt transparenter für alle Beteiligten zu machen, indem alle Dokumente, (Sitzungs-) Protokolle, Ideen, Projektplan etc. in der Wiki zentral zur Verfügung gestellt werden. Dies verringert Medienbrüche und die Zahl der verschickten E-Mails.[95]

Auch im Projektcontrollingprozess, der periodisch stattfindet (siehe Kapitel 3.3.1.3), können Wikis hilfreich sein. Das Updating der Projektpläne und Projektdokumentation kann direkt in der Wiki durchgeführt werden. Somit wird eine gemeinsame, aktuelle Projektwirklichkeit geschaffen. Das Verteilen der Controlling-Berichte per E-Mail entfällt hier wieder, da diese direkt in der Wiki, für jeden Projektbeteiligten einsehbar sind.

Bei der Bewältigung einer Projektkrise ist der Einsatz von Wikis nur bedingt sinnvoll, da es hier hauptsächlich um die Erarbeitung von Lösungsstrategien sowie deren Kommunikation nach außen geht (siehe Kapitel 3.3.1.5), hierfür bieten Wikis nicht die besten Möglichkeiten (wie bereits oben erklärt). Lediglich für das Updaten der Projektmanagement-Dokumentation ist der Einsatz sehr sinnvoll.

Beim Abschluss eines Projekts geht es, neben inhaltlichen Restarbeiten, vor Allem um organisatorische Restaufgaben (siehe Kapitel 3.3.1.6). Über die Wiki kann ein Projektabschlussbericht erstellt werden sowie die bereits in den Absätzen zuvor angesprochene Projektmanagement-Dokumentation noch finalisiert werden. Um den Erfahrungsaustausch zu fördern können eventuell erstellte Blogs durch den Link in die Wiki integriert

---

[94] vgl. Komus/Wauch, 2008, S.202
[95] vgl. Komus/Wauch, 2008, S.201

werden. Ein weiterer großer Vorteil ist der mögliche Transfer des erworbenen Know-Hows in die Organisation, welches ein Ziel des Projektabschlusses ist (siehe Kapitel 3.3.1.6). Der Zugang zur erstellen Projekt-Wiki kann und soll offen bleiben, um in Zukunft auch noch von der Vorgangsweise und den im Projektverlauf gewonnenen Erkenntnissen profitieren zu können.[96]

Abschließend muss noch angemerkt werden, dass Wikis, genauso wie alle anderen Web 2.0 Tools, keine Allheilmittel sind die alle Kommunikations- und Dokumentationsmängel in Unternehmen schlagartig verändern. Diese Tools müssen aktiv vom Management forciert und unterstützt werden sowie die Nutzung den Mitarbeitern schmackhaft gemacht werden. Da Wikis am Beginn immer komplett leer sind, und dies manche Mitarbeiter verängstigt, empfiehlt es sich grundlegende Strukturen vorzugeben um eine höhere Partizipation zu erreichen.[97]

Um generell die Nutzung von Web 2.0 Tools in Projekten zu steigern, empfiehlt Andrew McAfee den Projektmitarbeitern E-Mails zum Projekt schlichtweg zu ignorieren und nur auf Einträge in den verwendeten Tools zu reagieren.[98] Dies ist natürlich eine sehr rigorose Herangehensweise, aber es hilft Wikis, Blogs oder Social Networks in den normalen Arbeits- und Projektablauf zu integrieren.

4.3   Blogs im Projektmanagement

Wie in den einzelnen Bewertungen ersichtlich ist, eignen sich Blogs zur Unterstützung von einigen Tätigkeit im Projektmanagementprozess sehr gut, für andere weniger bis gar nicht (siehe Kapitel 4.1). Dieses Kapitel soll die Einsatzmöglichkeiten und Vorteile von Blogs im Projektmanagement darstellen, jedoch auch die Grenzen aufzeigen.

Generell lässt sich sagen, dass sich Blogs im Projektmanagement (im Gegensatz zu Wikis - siehe Kapitel 4.2) am besten für das Projektmarketing und die Projektkommunikation zwischen allen Beteiligten eignen. Dies liegt vor Allem an der Einfachheit der Nutzung und der übersichtlichen Darstellung durch die chronologische Reihung der Einträge (siehe Kapitel 2.5.2). Der Nachteil gegenüber Wikis liegt ganz klar darin, dass Dokumente (Projektpläne, Sitzungsprotokolle etc.) nicht gemeinsam bearbeitet werden können und somit die Einsatzmöglichkeiten limitiert sind.

Sehr sinnvoll wäre ein allgemeiner Projekt-Blog, der vom Projektmanager verwaltet wird. Dort kann in allen Phasen des Projektmanagement-Prozesses über die aktuellen Entwicklungen informiert werden und die Mitglieder der Projektorganisation haben jederzeit die

---

[96] vgl. Komus/Wauch, 2008, S.201
[97] vgl. Komus/Wauch, 2008, S.205
[98] vgl. Algesheimer/Leitl, 2007, S.91

Möglichkeit Feedback oder neue Ideen in Form von Kommentaren einzubringen (siehe Kapitel 2.5.2). Dies fördert die Kommunikation zwischen den Projektbeteiligten und hilft die allgemeine Informationslage zu verbessern, beide Dinge zählen zu den Erfolgsfaktoren im Projektmanagement (siehe Kapitel 3.3.2).

Wie bereits erwähnt ist der Einsatz eines Projekt-Blogs in allen Phasen des Projektmanagement-Prozesses sinnvoll, da die Kommunikation in jeder Phase eine wichtige Rolle spielt (siehe Kapitel 3.3.1). Angefangen von der Vermittlung des "Big Pictures" im Projektstartprozess (siehe Kapitel 3.3.1.1) über die laufende Projektkoordination (siehe Kapitel 3.3.1.2), dem Projektmarketing (siehe Kapitel 3.3.1.3), dem Projektcontrolling (siehe Kapitel 3.3.1.4), der Bewältigung einer Projektkrise (siehe Kapitel 3.3.1.5) bis zum Abschluss eines Projekts (siehe Kapitel 3.3.1.6) kann ein Blog als Kommunikationstool sehr gut eingesetzt werden.

Neben dem Projekt-Blog durch den Projektmanager können auch die anderen Projektmitglieder selbst einen Blog über ihre eigenen Erfahrungen und/oder Arbeitsfortschritte verfassen. Dies kann einerseits dem Projektmanager bzw. den Führungskräften helfen, einen Überblick über aktuelle Arbeitsfortschritte, die Zufriedenheit und Auslastung der Projektmitarbeiter zu bekommen (siehe Kapitel 2.5.2.3). Andererseits dient dieses Bloggen auch zum Erfahrungsaustausch der Projektmitarbeiter untereinander, welcher Teil der Projektabschlusskommunikation ist (siehe Kapitel 3.3.1.6). Um diesen Erfahrungsaustausch zu intensivieren bzw. die einzelnen Blogs zu vernetzen, ist es sinnvoll eine Blogroll mit Links zu den anderen Blogs zu implementieren (siehe Kapitel 2.5.2.2).

Damit die Projektmitglieder regelmäßig über neue Blog-Einträge informiert werden, gibt es die Möglichkeit mithilfe von RSS (siehe Kapitel 2.3.2) einen Blog zu abonnieren. Generell sollen Blogs die in Projekten oft vorhandene E-Mail Flut eindämmen (siehe Kapitel 2.5.2.3).

Um gewisse Blog-Einträge für alle Projektbeteiligten besser und schneller auffindbar zu machen, empfiehlt es sich die Einträge mit passenden Tags zu versehen. Mit der Implementierung von Tag Clouds in Blogs kann dazu beigetragen, dass die Projektbeteiligten andere Sichtweisen auf Dinge bekommen und somit möglicherweise neue Zusammenhänge im Projektkontext entdecken (siehe Kapitel 2.5.4).

4.4   Social Networks im Projektmanagement

Das dritte und damit letzte Web 2.0 Tool das auf die Eignung für den Einsatz im Projektmanagement in dieser Arbeit näher untersucht wird, sind Social-Networks. Nachfolgend werden die Einsatzmöglichkeiten und Vorteile aufgezeigt:

Allgemein kann man auch bei Social Networks, genauso wie bei Blogs (siehe Kapitel 4.3), zwischen zwei Dingen unterscheiden: Social Networks sind aufgrund ihrer typisch vorhandenen Funktionalitäten (siehe Kapitel 2.5.3.2) einerseits sehr gut für die Projektkommunikation und das Projektmarketing geeignet, andererseits sind diese gar nicht im Rahmen der gemeinsamen Bearbeitung von Projektdokumenten einsetzbar.

Durch die typische Blogging- oder Microblogging Funktionalität in Social Networks (siehe Kapitel 2.5.3.2), ist es genauso wie bei Blogs möglich, über alle Phasen des Projektmanagementprozesses (siehe Kapitel 3.3.1) als Projektmanager zu informieren und Projektmarketing zu betreiben. Nicht nur der Projektmanager, sondern alle Projektbeteiligten haben die Möglichkeit über die Blogging-Funktion Statusmeldungen über ihre momentane Aufgabe, den Arbeitsfortschritt oder Probleme zu verfassen.

Zusätzlich gibt es bei Social-Networks noch weitere Funktionalitäten, die in der Projektarbeit sinnvoll verwendet werden können. Einerseits gibt es meist eine Nachrichtenfunktionalität, mit der die Kommunikation mit Projektbeteiligten gezielt erfolgen kann. Weiter ist es durch das Kontaktmanagement bzw. der Expertensuche möglich, thematisch passende Ansprechpartner in der Projektorganisation zu finden (siehe Kapitel 2.5.3). Dies kann durch das Verwenden von passenden Tags erleichtert werden (siehe Kapitel 2.5.4). Ein weiteres konkretes Anwendungsbeispiel in Social-Networks ist das Erstellen von Veranstaltungen und die Versendung von Einladungen für diese Veranstaltungen[99], was vor Allem beim Organisieren von Kick-off Meetings, Projektsitzungen, Workshops etc. helfen kann (siehe Kapitel 3.3.1).

4.5   Zusammenfassung

In diesem Abschnitt werden die gewonnenen Erkenntnisse aus dem Kapitel 4, also der Anwendung von Web 2.0 Tools im Projektmanagement, kurz zusammengefasst. Wie im Kapitel 4.1 ersichtlich ist, gibt es einige Einsatzbereiche im Projektmanagementprozess in denen Web 2.0 Tools sehr gut eingesetzt werden können. In anderen Bereichen hingegen eignet sich die Anwendung von Web 2.0 Tools nur bedingt bzw. gar nicht. Wikis haben ihre Stärken in der Möglichkeit Projektdokumente kollaborativ erstellen und bearbeiten zu können. Blogs und Social Networks bieten im Projektmarketing und der Projektkommunikation viele Vorteile.

---

[99] vgl. URL: http://feedgrowth.com/idea-categories/scheduling-and-events/utilize-facebooks-event-function-to-manage-a-professional-event/ [24.1.2013]

5 Fazit und Ausblick

Das Web 2.0 mit seinen Tools und den zu Grunde liegenden Technologien wie Ajax, RSS oder Atom, hat die Art und Weise verändert, wie Nutzer sich im Internet bewegen und verhalten, Nutzerinteraktion ist das zentrale Stichwort dabei. Web 2.0 Tools wie Wikis, Blogs oder Social Networks sind kaum mehr aus dem Alltag vieler Menschen wegzudenken. Doch nicht nur im privaten Bereich sind diese Tools beliebt, in den letzten Jahren begannen viele Unternehmen verstärkt Web 2.0 Tools für den unternehmensinternen Einsatz zu verwenden, was als Enterprise 2.0 zusammengefasst wird.

Projekte sind nicht mehr aus den betrieblichen Alltag wegzudenken und daher bekommt auch dem Projektmanagement eine hohe Bedeutung zu. Wichtige Faktoren, die über den Erfolg oder Misserfolg von Projekten entscheiden, sind die Kommunikation und Koordination zwischen den Projektbeteiligten. Genau diese beiden essentiellen Faktoren können durch den Einsatz von Web 2.0 Tools positiv unterstützt werden.

Im typischen Ablauf eines Projekts, dem Projektmanagementprozess, gibt es verschiedene Phasen, Aktivitäten und demnach auch verschiedene Anforderungen an Web 2.0 Tools. Nicht jedes Tools ist für jeden Bereich gleich gut geeignet. Die Stärken von Blogs und Social-Networks liegen ganz klar in der Projektkommunikation und im Projektmarketing, wohingegen Wikis ihre Stärken in der gemeinsamen Erstellung und Bearbeitung von Projektdokumenten haben.

Dem Einsatz von Web 2.0 Tools für das Projektmanagement sind natürlich auch Grenzen gesetzt. Beispielsweise kann über Blogs kein Projektplan kollaborativ erstellt werden, Wikis hingegen eignen sich nur bedingt für das Projektmarketing. Trotz dieser Schwächen ist der Einsatz von gewissen Web 2.0 Tools für spezielle Aufgabenbereiche im Projektmanagementprozess sehr sinnvoll. Dabei darf nicht darauf vergessen werden, dass der Einsatz von Web 2.0 Tools in Unternehmen nicht primär eine technische Herausforderung ist, sondern vielmehr eine organisationale Herausforderung.

Die Entwicklungen im Internet schreiten so schnell voran, dass es schwer ist einen Ausblick zu wagen. Man kann aber mit Sicherheit sagen, dass sich durch neue Technologien vorhandene Tools weiterentwickeln und neue Anwendungen entstehen werden. Diese Entwicklungen werden früher oder später auch im betrieblichen Umfeld Einzug halten.

Literaturverzeichnis

Monographien, Bücher und Sammelbände

Alby, Tom: *Web 2.0. Konzepte, Anwendungen, Technologien,* München, 2008

Back, Andrea / Gronau, Norbert / Tochtermann, Klaus (Hrsg.): *Web 2.0 in der Unterneh menspraxis. Grundlagen, Fallstudien und Trends zum Einsatz von Social Soft ware,* München, 2008

Burghardt, Manfred: *Einführung in Projektmanagement: Definition, Planung, Kontrolle, Abschluss,* 3. Auflage, Erlangen, 2001

Ebersbach, Anja / Glaser, Markus / Heigl, Richard / Warta, Alexander: *WikiTools: Koope rationen im Web,* 2. Auflage, Berlin u.a., 2008

Gareis, Roland: *Happy Projects!,* 3. Auflage, Wien, 2006

Kessler, Heinrich / Winkelhofer, Georg: *Projektmanagement. Leitfaden zur Steuerung und Führung von Projekten,* 3. Auflage, Berlin u.a., 2002

Koch, Michael / Richter, Alexander: *Enterprise 2.0: Planung, Einführung und erfolgreicher Einsatz von Social Software in Unternehmen,* München, 2007

Komus, Ayelt / Wauch, Franziska: *Wikimanagement: Was Unternehmen von Social Soft ware und Web 2.0 lernen können,* München, 2008

Newman, Aaron C. / Thomas, Jeremy G.: *Enterprise 2.0 Implementation: Integrate Web 2.0 Services into Your Enterprise,* New York, 2008

Patzak, Gerold / Rattay, Günter: *Projektmanagement. Leitfaden zum Management von Projekten, Projektportfolios, Programmen und projektorientierten Unternehmen,* 5. Auflage, Wien, 2009

Streiff, Andreas: *Wiki: Zusammenarbeit im Netz,* Norderstedt, 2004

Fachartikel und Journale

Algesheimer, René / Leitl, Michael: *Unternehmen 2.0,* in: Harvard Business Manager, 2007, 29. Jg, S. 88 ff.

pma - Projekt Management Austria: *pm baseline 3.0 (Deutsch),* Wien, 2008

Smolnik, Stefan / Riempp, Gerold: *Nutzenpotenziale, Erfolgsfaktoren und Leistungsindika toren von Social Software für das organisationale Wissensmanagement,* in: HMD - Praxis der Wirtschaftsinformatik, 2006, N. 252, S. 17-26

Artikel aus dem Web

Hunsucker, Maggie: *All booked up: Utilize Facebook's event function to manage a profes sional event,* veröffentlicht am 2.1.2009, URL: http://feedgrowth.com/idea-categories/scheduling-and-events/utilize-facebooks-event-function-to-manage-a-professional-event/ [24.1.2013]

McAfee, Andrew: *Enterprise 2.0, version 2.0,* veröffentlicht am 27.5.2006, URL: http://andrewmcafee.org/2006/05/enterprise_20_version_20/ [4.1.2013]

O'Reilly, Tim: *What is Web 2.0: Design Patterns and Business Models for the Next Gen eration of Software,* veröffentlicht am 30.9.2005, URL: http://oreilly.com/web2/archive/what-is-web-20.html [3.12.2012]